12か月のおりがみ壁飾り

簡単カワイイ♪ リースとフレーム&エトセトラ♥

いまいみさ

講談社

いまいみさの本を手にとっていただき、ありがとうございます。

この本では、幼児から大人まで、幅広い年齢層の方たちが簡単に折れて、
楽しめる季節の作品をたくさん紹介しています。
行事や花、どんぐりなど、身の回りにある季節を感じるさまざまなものを
おりがみという身近な材料を使って、色とりどりに飾れば、
日常の空間が、新鮮で華やかなものとなり、心もより豊かにしてくれます。
季節の作品を飾れるリースやフレームから、いっしょに楽しめる
おりがみアイドル、ハピネスちゃん＆ラッキー君も初登場します！

ご家庭で、幼稚園、保育園、デイケアー などのいろいろな施設で
アレンジもどんどんしていただいて、季節のおりがみをいっぱい楽しんでくださいね。
おりがみを通じてたくさんの皆様とつながりながら、ますます笑顔が
広がっていきますように──。

いまい みさ

目次

おりがみの色について ……4
サイズについて ……4
線や記号について ……4
はり方のコツ ……5
手早く簡単に作るコツ ……5

季節のリース＆フレーム 春 3〜5月

ひなまつりリース ……6
チューリップ畑リース ……6
チューリップフレーム ……6
あやめフレーム ……7
バラフレーム ……7
こいのぼりリース ……7
にわとりの親子リース ……8
いちご畑リース ……8
ひよこフレーム ……8

ハッピーアレンジ
モチーフを使って楽しむ 春……9

季節のリース＆フレーム 夏 6〜8月

雨の日リース ……10
カエルの親子フレーム ……10
あじさいフレーム ……10
ひまわりとぼうしリース ……11
ひまわり畑リース ……11
ひまわりとせみフレーム ……11
七夕リース ……11

ハッピーアレンジ
モチーフを使って楽しむ 夏 ……12

季節のリース＆フレーム 秋 9〜11月

コスモス畑リース ……13
コスモスフレーム ……13
コスモスととんぼリース ……13
ハロウィンの館リース ……14
ハロウィンの魔女リース ……14
ハロウィンのかぼちゃフレーム ……14
リスとどんぐりリース ……15
秋の森フレーム ……15
ふくろうの森リース ……15
ふくろうの木フレーム ……15

ハッピーアレンジ
モチーフを使って楽しむ 秋 ……16

季節のリース&フレーム 冬 12〜2月

- サンタクロースとトナカイリース ……18
- クリスマスリース ……18
- 聖夜フレーム ……18
- 椿フレーム ……19
- 富士山フレーム ……19
- 新年リース ……19
- 招福フレーム ……20
- おかめ&おにリース ……20
- うぐいすフレーム ……20

ハッピーアレンジ
- モチーフを使って楽しむ 冬 ……21

リース・フレームの作り方

- 絆（きずな）リース ……22
- 和（なご）みリース ……23
- シンプルフレーム ……24
- ダブルフレーム ……25
- ツインフレーム ……26

コラム
- バリエーションは無限☆ ……27

ハッピーアレンジ
- ミニサイズを楽しむ ……28

モチーフの作り方

●共通
- リボン ……30
- メッセージリボン ……31
- ハート ……31
- 葉 ……32
- 枝 ……32
- 星 ……33
- 梅 ……33
- ガーランド ……33
- おりがみアイドル★ハピネス ……34
- おりがみアイドル★ラッキー ……36
- ひこぼしの顔 ……37

●春
- おびな ……38
- めびな ……39
- ひな壇 ……39
- ぼんぼり ……40
- チューリップ ……41
- はち ……42
- てんとうむし ……43
- ちょうちょ ……43
- いちご ……44
- ひよこ ……45
- にわとり ……45

●夏
- バラ ……46
- あやめ ……47
- かぶと ……48
- こいのぼり ……49

- あじさい ……50
- かたつむり ……50
- かさ ……51
- カエル ……52
- てるてるぼうず ……53
- おりひめ・ひこぼし ……54
- 笹舟 ……55
- 笹の葉 ……56
- タッセル飾り ……56
- ぼうし ……57
- せみ ……57
- ひまわり ……58
- むぎわらぼうし ……59
- サマードレス ……59

●秋
- コスモス ……60
- とんぼ ……61
- かぼちゃ ……62
- ほうき ……62
- ねこ ……63
- ハロウィンの館 ……64
- 魔女のぼうし ……65
- おばけ ……65
- どんぐり ……66
- ふくろう ……67
- リス ……68
- きのこ ……69

●冬
- サンタクロース ……70
- ベル ……70
- トナカイ ……71
- クリスマスツリー ……72
- プレゼント ……73
- 椿・梅 ……74
- 羽子板 ……75
- だるま ……75
- 富士山 ……76
- おに ……77
- おかめ ……78
- うぐいす ……79

> **サイズに注意** モチーフの中には、折り方は同じで、（大）（小）などサイズが違うものが登場します。（大）（小）などが記載されている作品はサイズに注意して作ってください。ほかに特殊なサイズは、作品紹介ページの※に留意してください。

おりがみの色について

この本では、裏が白い「片面折り紙」を使用。

どんな色で作っても大丈夫!
20数色の「定番」セットや「100色100枚」などの異色セットなどもあります。どの作品も、色の決まりはありません。生き物でも花でも、好きな色で折れば、味わいのある作品ができます。

柄の折り紙でオシャレ度アップ
千代紙などの和柄のほか、チェック、ドット、ストライプ、アニマル柄など、さまざまな柄のおりがみがあります。服やリース、フレームなどに使用すると、オシャレでかわいい作品になります。

サイズについて

小さいおりがみを使うとき
15cm四方のおりがみをそのまま使うものもありますが、小さくして使うものもあります。
小さくする場合は、使う部分(大きさ)に色をつけて示しています。

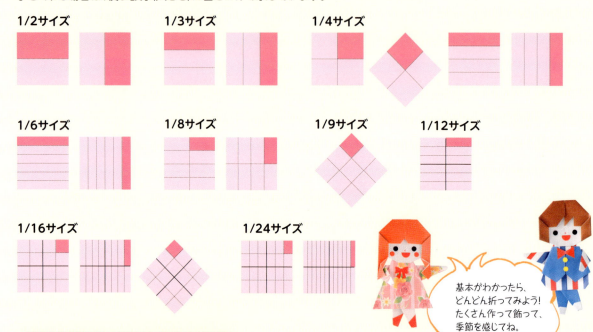

基本がわかったら、どんどん折ってみよう!たくさん作って飾って、季節を感じてね。

線や記号について

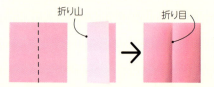

谷折り
表を向けて置き、谷折りすると、外側は白い面です。

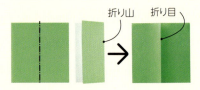

山折り
表を向けて置き、山折りすると、外側は色の面です。

折り目
折ってひらいて、筋をつけます。目安になる線です。

裏返す
見えている面をひっくり返します。

拡大図
説明写真をズームアップして見せるときの記号です。

ハサミで切る
マークのそばにある実線を、切ってください。

同じ記号を合わせる

★と★、☆と☆のように、同じマークの場所を合わせます。

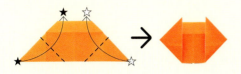

折りこむ

折り目をつけてから、内側に入れるようにして折ります。

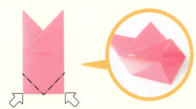

等分記号

長さが同じ　　角度が同じ

曲線の矢印

折る動きを表します。

巻く　　前に折る　　後ろに折る

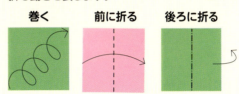

はり方のコツ

のりづけやテープではる指示があるところはもちろん、とくに指示がなくても、ういてしまったり不安定だったりするところは、はるのが安心です。

①テープ類

メンディングテープなら、ツヤ消しで目立ちにくいです。両面テープの場合は、テープのりと似た使い方ができます。

②テープのり

しわにならずに強めにはれて、次の作業にすぐ移れるスグレモノです。

③スティックのり

接着力は強いですが、すぐにフタを閉めないと接着力が落ちるので、注意が必要。

手早く簡単に作るコツ

①シールの活用

星や花などをはって飾りにすると便利。それ以外に、丸シールは、模様としてはもちろん、目や口が簡単に作れます。

②パンチの活用

量産したい模様や複雑な形などは、押せば形がとれるパンチが便利です。
※本書ではデコレーションにパンチを使いました。

※本書で使用した一番小さい丸シールは、直径5mmです。

使用したパンチの形　※サイズは直径です。

① 約2.5cm　② 約1.5cm　③ 約1.2cm　④ 約1.5cm　⑤ 約1cm
⑥ 約2.5cm　⑦ 約1.5cm　⑧ 約2.5cm　⑨ 約1.5cm
⑩ 約1.5cm　⑪ 約1.3cm　⑫ 約1.5cm

季節のリース＆フレーム
春 3〜5月

ひなまつりリース

絆リース p.22　リボン（小）p.30
おびな p.38　めびな p.39
ぼんぼり p.40　枝 p.32
※花はパンチ(P.5)①を使用。

リースの色や着物の色などを変えると、
雰囲気のちがう作品になります。
※花はパンチ(P.5)①③⑤を使用。

チューリップ畑リース

チューリップフレーム

ダブルフレーム p.25
チューリップ p.41

絆リース p.22　チューリップ p.41
はち p.42　てんとうむし p.43

あやめフレーム

シンプルフレーム p.24
あやめ p.47

バラフレーム

シンプルフレーム p.24
メッセージリボン（細） p.31
バラ（大） p.46

こいのぼりリース

絆リース p.22
こいのぼり p.49
かぶと p.48
あやめ p.47

にわとりの親子リース

絆リース p.22
リボン（小） p.30
にわとり p.45
ひよこ p.45
チューリップ p.41

いちご畑リース

絆リース p.22
リボン（大） p.30
いちご p.44

※いちごの花はパンチ(P.5)⑥を使用。

ひよこフレーム

シンプルフレーム p.24
メッセージリボン（細） p.31
ひよこ p.45

※お花畑はパンチ(P.5)①③を、葉はおりがみを切って使用。

ハッピーアレンジ

モチーフを使って楽しむ 春

折ったモチーフを、壁にはったり置いたりしても、ステキな飾りができますよ。
季節のモチーフをたくさん使って、ワクワク感満載の飾りを作ってみましょう。

画用紙に
春のモチーフを
はるだけで、
壁が春気分♪

- ガーランド（小） p.33
- いちご p.44
- チューリップ p.41
- はち p.42
- てんとうむし p.43
- ちょうちょ p.43
- にわとり p.45
- ひよこ p.45

ひな壇におひなさまをはるだけで、手軽なちょこっと飾りの完成！

たくさんのこいのぼりを泳がせて、こどもの成長をお祝い♪

- おびな・めびな p.38〜39
- ひな壇 p.39
- ぼんぼり p.40

※ぼんぼりの柄はパンチ（p.5）④を使用。

- ハピネス p.34
- こいのぼり p.49
- ラッキー p.36
- かぶと p.48
- あやめ p.47

※かぶとは10cm四方、角飾りは5cm四方のサイズを使用。

季節のリース&フレーム
夏 6~8月

雨の日リース
絆リース p.22
てるてるぼうず p.53
あじさい p.50
かたつむり p.50
ハピネス p.34
かさ p.51
カエル（大） p.52

カエルの親子フレーム
ツインフレーム p.26
ハート（小） p.31　　あじさい p.50
カエル（大・小） p.52

あじさいフレーム
シンプルフレーム p.24
かたつむり p.50　　あじさい p.50
てるてるぼうず p.53

ひまわりとぼうしリース

和みリース p.23
ぼうし p.57
ひまわり（大・小） p.58

ひまわり畑リース

和みリース p.23　せみ p.57
ひまわり（大・小） p.58　ハピネス p.34
むぎわらぼうし p.59　サマードレス p.59

※ぼうしの飾りはパンチ(p.5)③を使用。

ひまわりとせみフレーム

ダブルフレーム p.25
ぼうし p.57
ひまわり（大・小） p.58
せみ p.57

七夕リース

絆リース p.22　ひこぼし p.54
おりひめ p.54　笹の葉 p.56
七夕飾り p.56

※背景と頭の飾りの星とハートは、パンチ(p.5)⑨⑩
を、服のリボンはパンチ⑪を使用。

ハッピーアレンジ

モチーフを使って楽しむ 夏

はるだけではなく、ひもやピンチを使って飾ると、オシャレな壁飾りになります。
季節を感じられるように、いろいろ試してみましょう。

麻ひもとピンチを使えば、
おしゃれな壁飾りに！

ひまわり（大） p.58
ぼうし p.57
せみ p.57

パンチで作ったアジサイも入れると、
奥行きが出ます。

てるてるぼうず p.53　かたつむり p.50
カエル（大・小） p.52　あじさい p.50

※あじさいの花はパンチ（P.5）⑥も使用。

織姫、彦星を
笹舟にのせて置くだけで、
七夕気分♪

おりひめ・ひこぼし p.54
笹舟 p.55
笹の葉 p.56

※頭と笹舟の飾りはパンチ（p.5）
③⑨を使用。

季節のリース&フレーム 秋 9〜11月

コスモス畑リース
和（なご）みリース p.23
コスモス（大・小） p.60
とんぼ（大） p.61

コスモスフレーム
ツインフレーム p.26
コスモス（大・小） p.60
とんぼ（小） p.61

コスモスととんぼリース
和（なご）みリース p.23
コスモス（大） p.60
とんぼ（小） p.61
ラッキー p.36

ハロウィンの館リース

絆リース p.22
ハロウィンの館 p.64
かぼちゃ（小） p.62
おばけ p.65

※大きな星はパンチ(p.5)⑨を使用。

ハロウィンの魔女リース

絆リース p.22
リボン（小） p.30
かぼちゃ（小） p.62
おばけ p.65
魔女のぼうし p.65
ハピネス p.34
ほうき p.62
ねこ（小） p.63

※大きな星はパンチ(p.5)⑨を使用。

ハロウィンのかぼちゃフレーム

ツインフレーム p.26
メッセージリボン（太） p.31
かぼちゃ（大・小） p.62
おばけ p.65
ねこ（小） p.63

※大きな星はパンチ(p.5)⑨を使用。

りすとどんぐりリース

和みリース p.23
リボン（小） p.30
リス p.68
どんぐり p.66
きのこ p.69
葉B p.32

秋の森フレーム

シンプルフレーム p.24
メッセージリボン（細） p.31
リス p.68
どんぐり p.66
きのこ p.69

ふくろうの木 フレーム

シンプル
フレーム p.24
ふくろう（大・小） p.67
ハート（小） p.31
枝 p.32
葉B p.32

ふくろうの森リース

絆リース p.22
ふくろう（大・小） p.67
枝 p.32
葉B p.32

ハッピーアレンジ
モチーフを使って楽しむ 秋

同じモチーフでも、大きさや色を変えてたくさん作ると、にぎやかな飾りになります。
柄はアクセントになるので、上手に使ってみましょう。

ひもでつるすだけで、おしゃれなコスモスのカーテンに！

コスモス（大） p.60
とんぼ（大） p.61
※特大のコスモスは1/4サイズを使用。

秋色をカラフルに使って、優雅なふくろうの森に。

ふくろう（大・小） p.67　枝 p.32
どんぐり p.66　葉B p.32

黄色いバックが、さわやかな秋を感じさせます。

敬老の日
いつもありがとう

コスモス（大） p.60　とんぼ（小） p.61　※特大のコスモスは1/4サイズを使用。

リースに飾るのより
大きいおりがみで作ると、
迫力満点！

ハロウィンの館 p.64
ハピネス p.34
魔女のぼうし p.65
おばけ p.65
ほうき p.62
かぼちゃ（大・小） p.62
ねこ（大） p.63
リボン p.30

※おばけ、ハピネス（顔・服・手足）と魔女のぼうしは15cm四方のサイズを、リボンは1/9サイズ、ハロウィンの館の建物（大）は1/2サイズ、建物（小）と屋根は1/4サイズを使用。
※ぼうしと服の花はパンチ(p.5)①を、大きい星はパンチ⑧を使用。

色とりどりのモチーフで
ハロウィンを盛り上げて♪

ガーランド（大） p.33
魔女のぼうし p.65
おばけ p.65
かぼちゃ（大） p.62
ねこ（大） p.63
リボン p.30

※魔女のぼうし、おばけは15cm四方のサイズ、リボンは1/9サイズを使用。
※ぼうしの花はパンチ(p.5)①を使用。

季節のリース&フレーム 冬 12〜2月

サンタクロースとトナカイリース

和みリース p.23
リボン（小） p.30
ベル p.70
サンタクロース p.70
トナカイ p.71
プレゼント p.73

※飾りの星と雪の結晶、トナカイのリボンは、パンチ(p.5)⑧⑨⑪⑫を使用。

クリスマスリース

和みリース p.23
メッセージリボン（細） p.31
クリスマスツリー p.72

聖夜フレーム

ダブルフレーム p.25
クリスマスツリー p.72
ラッキー p.36

※雪の結晶はパンチ(P.5)⑫で作り、羽は切ってはる。

椿フレーム

ダブルフレーム p.25
椿 p.74
枝 p.32
葉B p.32

富士山フレーム

ダブルフレーム p.25
富士山 p.76
枝 p.32

※梅はパンチ(P.5)①②⑤で作り、日の出は切ってはる。

新年リース

絆リース p.22
扇子(大) p.39
富士山 p.76
だるま p.75
羽子板 p.75
枝 p.32
松 p.74

※扇子は1/4サイズを使用。
※木の梅はパンチ(p.5)②⑤で作り、羽子板の梅はシール、日の出は切ってはる。

招福フレーム

ツインフレーム p.26
梅 p.74
枝 p.32
おに p.77
おかめ p.78

※頭の花と小さい梅はパンチ
(P.5)①③⑤⑥を使用。

おかめ＆おにリース

絆リース p.22
梅 p.74
うぐいす p.79
枝 p.32
おに p.77
おかめ p.78

※頭の花と小さい梅はパンチ
(P.5)②⑤⑦を使用。

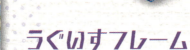

うぐいすフレーム

シンプルフレーム p.24
うぐいす p.79
枝 p.32

※梅はパンチ(P.5)⑤⑦を使用。

ハッピーアレンジ

モチーフを使って楽しむ 冬

モチーフを大きいサイズで作って、のれんのようにつるしてもステキです。柄のおりがみをアクセントに使うといいですよ。

大きく作ったモチーフをひもでつるせば、みごたえのある壁飾りに！

モチーフがステキな絵柄に！ちょっと置くだけでお正月気分。

ハピネス p.34
着物 p.38　富士山 p.76

※富士山は1/4サイズ、重ねる雪は1/16サイズを使用。
※羽子板は左下を参照。梅はパンチ(p.5)④⑥を、頭の飾りはパンチ④⑤を使用。

だるま p.75
富士山 p.76
扇子 p.39
羽子板 p.75
椿 p.74
葉B p.32
うぐいす p.79
梅 p.33
松 p.74

※だるま、羽子板、扇子は、15cm四方のサイズ、羽子板の持ち手は1/4サイズ、うぐいすは1/2サイズを使用。
※羽子板の梅はパンチ(p.5)①⑤⑥を使用。

サンタクロースとトナカイがプレゼントを持ってきた!?

サンタクロース p.70
※足の作り方⇒p.36
トナカイ p.71
プレゼント p.73
星 p.33

※サンタクロース、トナカイの顔と体、うで、足は、15cm四方のサイズを使用。
※小さい星はパンチ(p.5)⑧を使用。

リース・フレームの作り方

絆リース

2色を各2枚、合計4枚使います。手をつないでできた輪をイメージしたリースです。

にわとりの親子リース p.8

1 折り目をつけ、点線で折る。

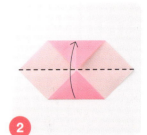

2 半分に折る。

3 角に合わせて、点線で折る。

4 これを2色各2ピース、合計4ピース作る。

組み合わせ

組み終わったら、ところどころのりやテープでとめる。

アレンジ

ちょっとひと工夫♪

ピースの組み合わせは一つの例なので、好きなように組み合わせてね。

おりがみを1枚差しこんで組み合わせる。

リース・フレームの作り方

シンプルフレーム

シンプルな組み合わせのフレーム。2色を2枚、台紙に1枚の合計3枚使います。単色で作ってもすてきですよ。

あじさいフレーム p.10

あやめフレーム p.7

ピースA

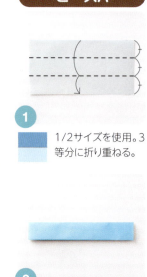

1 1/2サイズを使用。3等分に折り重ねる。

2 これを、2ピース作る。

ピースB

1 1/2サイズを使用。点線で折る。

2 点線で折る。

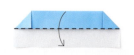
3 点線で折る。

4 これを、2ピース作る。

組み合わせ

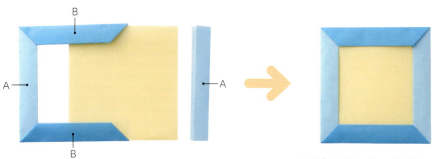

おりがみを差しこんで、組み終わったら、ところどころのりやテープでとめる。

ダブルフレーム

ダブルのピースがアクセントになるフレームです。2色を各2枚、台紙に1枚の合計5枚使います。和柄を使うと、趣のあるフレームになります。

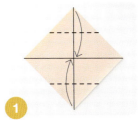

1 折り目をつけ、点線で折る。

椿フレーム p.19

ひまわりとせみフレーム p.11

2 点線で折る。

3 点線で折る。

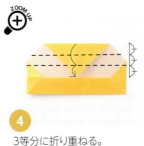

4 3等分に折り重ねる。

5 点線で折る。

6 これを2色各2ピース、合計4ピース作る。

組み合わせ

 →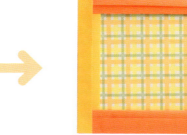

組み合わせは一例だから、自由に組み合わせよう。

組み終わったら、ところどころのりやテープでとめて、裏側におりがみをはったら、できあがり。

谷折り ------ 山折り ------ 折り目 ——— 裏返す 拡大図

リース・フレームの作り方

ツインフレーム

2色を各2枚、台紙に1枚の合計5枚使います。三角のピースを組み合わせた、にぎやかな雰囲気のフレームです。

コスモスフレーム p.13

1 折り目をつけ、点線で折る。

2 点線で折る。

3 点線で折る。

4 ★が合うように、折る。

5 これを2色各2ピース、合計4ピース作る。

組み合わせ

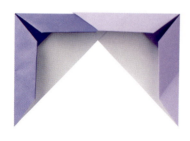

おりがみを差しこんで、組み終わったら、ところどころのりやテープでとめる。

谷折り ------- 山折り -------- 折り目 ——— 裏返す 拡大図

バリエーションは無限☆

バラのモチーフを使って……

同じモチーフでも、リースやフレーム、組み合わせの色、モチーフのつけ方などで、まったくちがう作品が生まれます。
自由に考えて、世界に一つだけの作品を作りましょう。

バラ（大・小） p.46　　葉B p.32

ステキ！

青を基調にしてしっとりと

ツインフレーム p.26

ピンクのリースでかわいらしい！

絆リース p.22　　リボン（大） p.30　　枝 p.32

シルバーを使ったゴージャスなミニリース！

ミニサイズのバリエーションは、p.28、29を見てね！

絆リース p.22
リボン p.30

※サイズに注意。絆リースは1/4サイズ、リボンは1/9サイズを使用。

オレンジに青のバラが映える！

ダブルフレーム p.25
ハート（大） p.31

ハッピーアレンジ

ミニサイズを楽しむ

絆リース（⇒ p.22）を、15㎝四方の 1/4 の 7.5㎝四方で小さく作ると、ミニリースができます。モチーフも小さめに作ってつければ、かわいいですよ。

季節のミニリース

季節ごとに作って飾っていくと、季節の移り変わりを感じることができます。

チューリップ p.41

春

あやめ p.47

※チューリップの花は6㎝四方、葉は1/16サイズ、茎は1.5㎝×5㎝のサイズを使用。

※あやめの花は6㎝四方、葉は1/16サイズ、茎は1.5㎝×5㎝のサイズを使用。

夏

ひまわり（小） p.58
茎 p.41
葉B p.32

※葉Bは1.5㎝×2.5㎝のサイズを使用。

※ひまわりの茎は1.5㎝×5㎝のサイズを使用。

秋

ふくろう（小） p.67
枝 p.32
葉B p.32
タッセル飾り p.56

※葉Bは1.5㎝×2.5㎝のサイズを使用。

冬

うぐいす p.79
枝 p.32
タッセル飾り p.56

※うぐいすは5㎝×10㎝のサイズを使用。
※梅の花はパンチ(P.5)③を使用。

大きさイメージ

15㎝四方のおりがみの上に置いた場合

応援フレーム

裏側を使っても
絆リースを、さらに小さい1/16のおりがみで折りました。裏側を表にしてもいいですよ。

シンプルフレーム p.24
だるま p.75
扇子（大） p.39
※扇子は1/4サイズを使用。

ミニリースの3連飾り

ミニリースをつなげると、ステキな飾りに！タッセルをつければ、一体感が出ますよ。

クリスマスのミニリース

クリスマスのモチーフを使ってたくさん作り、ツリーや壁に飾ると、ワクワク感がアップ！

リボン p.30
ベル p.70
サンタクロース p.70
クリスマスツリー p.72
※リボンとベルは、1/9サイズ、クリスマスツリーの（下）は1/8サイズ、（上）と幹は1/16サイズを使用。
※星と雪の結晶はパンチ(p.5)⑨⑫を使用。

羽子板 p.75
だるま p.75
椿 p.74
葉B p.32
タッセル飾り p.56

モチーフの作り方 共通

リボン（小）
※リボン（大）は10cm四方のサイズを使用。

リボンA

① 1/4サイズを使用。半分に折る。

② 点線で折る。

③ 点線で折る。

④ ★が合うように、上側をひらく。

⑤ 点線で折る。

⑥ 点線で折る。

⑦ できあがり。

リボンB

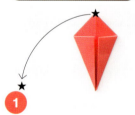

① リボンAの③まで同じ。★が合うように、上側をひらく。

② 点線で折る。

③ 点線で折る。

④ できあがり。

中心

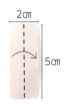

① 四角に切ったおりがみを使用。半分に折る。

② 点線で折る。

③ できあがり。

組み立て順

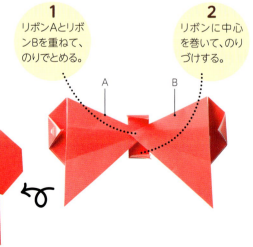

1 リボンAとリボンBを重ねて、のりでとめる。

2 リボンに中心を巻いて、のりづけする。

メッセージリボン(細)

※メッセージリボン(太)は、1/4サイズを使用。

1 1/6サイズを使用。折り目を軽くつけ、点線で折る。

2 点線で折る。

3 三角に切る。

4 裏返す。

できあがり。

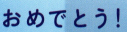

ハロウィンの
かぼちゃフレーム
p.14

太さや大きさを変えても作ってね。

ハート(小)

1 1/4サイズを使用。中心に軽く折り目をつけ、点線で折る。

2 点線で折る。

3 点線で折る。

4 ハサミで切る。

※ハート(大)は、10cm四方のサイズを使用。

5 点線で折る。

6 裏返す。

できあがり。

色や柄も考えながら楽しくなるハートをたくさん作りましょう。

谷折り　山折り　折り目　裏返す　拡大図

モチーフの作り方 共通

葉

葉A

1. 1/4サイズを使用。半分に折る。

2. 半分に折る。

3. 切り取り線で切る。

4. これを、ひらく。4枚できる。

いちご畑リース p.8

葉っぱを3枚重ねると、いちごの葉になります。いちごと一緒に飾りましょう。

葉B

1. 1/24サイズを使用。折り目をつけ、点線で折る。

2. 裏返す。

小さい葉も入れると、アクセントになります。

※小さい葉は、1.5cm×2.5cmのサイズを使用。

長方形に切って折るだけだから、好きな大きさで作ってね。

枝

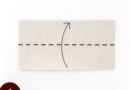

1. 1/2サイズを使用。半分に折る。

2. 下絵を描いて、ハサミで切る。

花はパンチ(P.5)②⑤を使っています。

枝を追加する場合は、同じように切ってはりつけましょう。

※15cm四方のおりがみを三角に折って切ると、長い枝になります。長さや太さは自由に変えて作ってください。

モチーフの作り方 共通 おりがみアイドル★ハピネス

顔

1 1/4サイズを使用。折り目をつけ、点線で折る。

2 折り目をつけ、点線で折る。

3 切りこみを入れる。

4 点線で折る。

5 点線で折る。

6 点線で折る。

7 点線で折る。

8 丸シールなどを使って、顔を作る。

服

1 1/4サイズを使用。折り目をつけ、点線で折る。

2 点線で折る。

3 点線で折る。

口は丸シールを切ってはる。

4 三角を、内側に入れる。

5 裏返す。

服のできあがり。

縦じま・横じまの服

①で、しまが縦になるように置けば縦じまの服が、横になるように置けば横じまの服になります。

縦じまの場合

1 1/4サイズを使用。折り目をつけ、点線で折る。

2 点線で折る。

3 点線で折る。下は、中に折りこむ。

4 裏返す。

●アレンジ

モチーフの作り方 共通
おりがみアイドル★ラッキー

顔

1 ハピネスの顔の作り方（⇒p.34）②まで同じ。裏返す。

点線で折る。

2 点線で折る。

3 裏返す。

ハサミで切って、折る。

丸シールなどを使って顔を作る。口は丸シールを切ってはる。

足

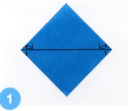

1 1/4サイズを使用。折り目をつけ、点線で折る。

2 点線で折る。

3 裏返す。

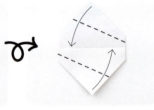

点線で折る。

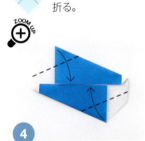

4 点線で折る。

5 半分に折る。

6 点線で折る。

7 足のできあがり。

チョッキ

1 ハピネスの服の作り方（⇒p.34）のできあがりから始める。点線で折る。

2 下絵を描いて、ハサミで切る。

3 後ろをひらいて、丸シールでボタンをつける。

4 チョッキのできあがり。

服

1 ハピネスの服の作り方(⇒p.34)のできあがりから始める。点線で折りこむ。

2 服のできあがり。

組み立て順

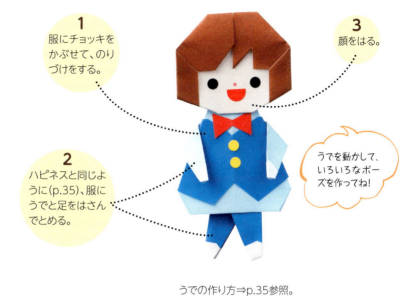

1 服にチョッキをかぶせて、のりづけをする。

2 ハピネスと同じように(p.35)、服にうでと足をはさんでとめる。

3 顔をはる。

うでを動かして、いろいろなポーズを作ってね！

うでの作り方⇒p.35参照。

ひこぼしの顔

1 ラッキーの顔の作り方(⇒p.36)の③から始める。点線で折る。

2 裏返して、できあがり。

おりひめの顔も、ハピネスの顔の作り方(⇒p.34)の⑧から始めて、「ひこぼしの顔」と同じように折ってね。

● アレンジ

髪型のアレンジ★いろいろ

髪は、色や折り方を変えると、いろいろな髪型が作れます。前髪の折り方でも印象が変わりますよ。好きな髪型を考えて、作ってみてください。

※前髪は、ハピネスの顔の作り方(⇒p.34)の⑦を参照。

モチーフの作り方 春 3～5月

おびな

着物

1 1/2サイズを使用。折り目をつけ、下から1/3を折る。

2 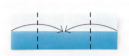 点線で折る。

3  点線で折る。

4  点線で内側に折る。

5  できあがり。

えぼし

1

 1/16サイズを使用。半分に折る。

2 下絵を描いて切る。

3 これを、ひらく。

組み立て順

頭にえぼしをのりづけし、顔のうしろに着物をテープではる。

顔の作り方⇒p.36
※前髪はp.34の顔の作り方⑦参照。

しゃく

1  1/16サイズを使用。折り目をつけ、点線で折る。

2  点線で折る。

3  点線で折る。

4  ハサミで切る。

5  裏返す。

 できあがり。

しゃくと扇子を着物にはって、2人一緒に飾ろう♪

ぼんぼりの作り方⇒p.40
※ぼんぼりの飾りはパンチ(p.5)②⑤を使用。

めびな

組み立て順

頭に冠をのりづけする。
おびな(⇒p.38)のように、顔のうしろに着物をはる。

顔の作り方⇒p.34
着物の作り方⇒p.38

冠

約2.5cm

1 パンチを使う場合は、(P.5)①で形をとって、ハサミで切る。

2 できあがり。ハサミで、この形のように切ってもいいよ。

扇子(小)

※扇子(大)は、1/4サイズを使用。

1 1/9サイズを使用。折り目をつけ、下1/3を折る。

2 点線で折る。

3 裏返す。

4 点線で折る。

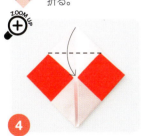   

4 点線で折る。

5 裏返す。

6 点線で折り目をつけ、上は角を少し後ろに折る。

6 できあがり。

着物を、柄のおりがみで折ると、雰囲気が出るよ。

アレンジ

置き飾り★ひな壇

1 折り目をつけ、三角に折っていく。

2 端をのりでとめる。 のり

3 これを、2つ作る。

組み立て順

一方を差しこんでつなげる。

底の部分は、折る。

谷折り ------ 山折り ------ 折り目 ——— 裏返す 拡大図

モチーフの作り方 春 3~5月

ぼんぼり

ぼんぼり

1 1/8サイズを使用。半分に折る。

2 点線で折る。

3 ★が合うように、折る。

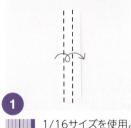

4 裏返す。

ぼんぼりのできあがり。

組み立て順

ぼんぼりの裏に、ささえをテープでとめる。

これを、2つ作る。

ささえ

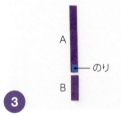

1 1/16サイズを使用。点線で巻くように折る。

2 ハサミで切る。 2cm

3 AをBに差しこんで、のりづけする。

4 ささえのできあがり。

ひな壇に飾ろう♪

ひな壇の前に、おびなとめびな、ぼんぼりをのりではって、固定します。

ちょっと置くだけで、はなやかに！ステキな柄のおりがみを選んでね。

春のハッピーアレンジ p.9

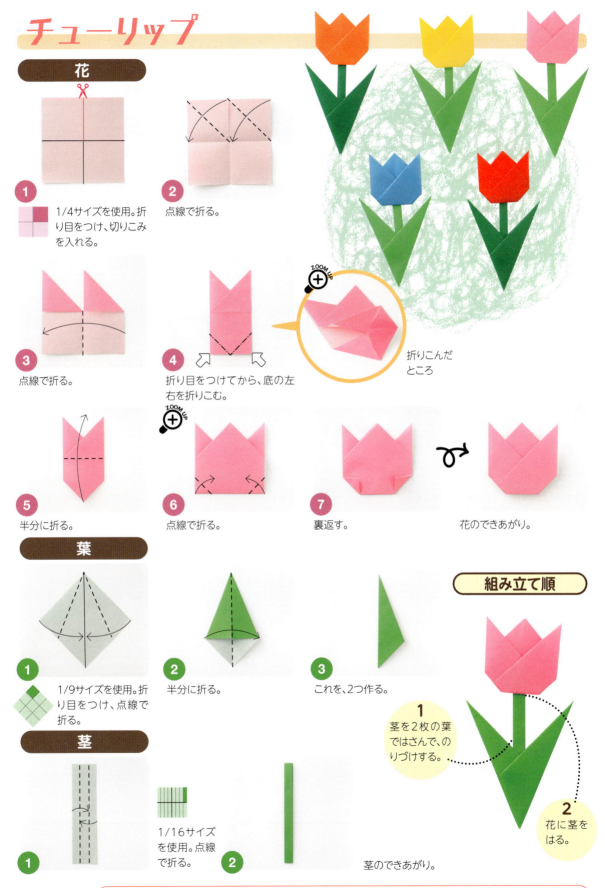

てんとうむし

1. 1/4サイズを使用。折り目をつけ、点線で折る。
2. 点線で折る。
3. 点線で折る。
4. 裏返す。
5. 点線で折る。
6. 点線で折る。
7. 角を少し折る。
8. 裏返す。

サインペンと丸シールで頭と模様を作る。

赤と黒の両面おりがみで折ってもいいよ。

ちょうちょ

1. 1/4サイズを使用。折り目をつけ、点線で折る。
2. 点線で折る。
3. ハサミで切る。
4. ハサミで切る。
5. 上側だけ、少し斜めになるように折る。
6. 丸シールで模様をつける。

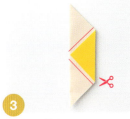 谷折り
 山折り
 折り目
 裏返す　拡大図

モチーフの作り方 春 3〜5月

いちご

実

1 1/4サイズを使用。折り目をつけ、半分に折る。

2 点線で折る。

葉Aの作り方⇒p.32

3 点線で折る。

4 裏返す。

丸シールで模様をつける。

へた

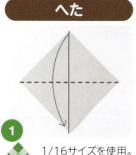

1 1/16サイズを使用。折り目をつけ、半分に折る。

2 点線で折る。

組み立て順

ヘタにいちごを差しこんで、はり合わせる。

3 裏返す。

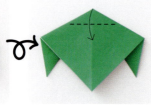

角を少し折る。

4 上側だけ、★と★が合うように、折る。

5 裏返す。

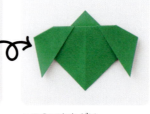

ヘタのできあがり。

いちごの模様は好きなようにつけてね。いっぱいつけても、おいしそうだよ。

ひよこ

① 1/4サイズを使用。折り目をつけ、半分に折る。
② 左右の★が、交差するように折る。
③ 点線で折る。
④ 角を少し折る。

⑤ 裏返す。
くちばしの形を切って、はる。目は丸シール。

にわとり

① 15cm四方のサイズを使用。ひよこの作り方③から始める。点線で折る。
② 角を少し折る。
③ 裏返す。
点線で折る。

④ とさかとくちばしは、おりがみを切って、はる。目は丸シール。

はねの広げ方（アレンジ）

ひよこの作り方③で、折り方を変えると、はねの広げ方が変わります。いろいろアレンジしてみましょう。

谷折り ----- 山折り ----- 折り目 ——— 裏返す 拡大図

モチーフの作り方 春 3~5月

バラ（大）

※バラ（小）は、1/9サイズを使用。

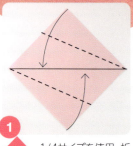

1 1/4サイズを使用。折り目をつけ、点線で折る。

2 点線で折る。

3 左右の★を、それぞれ差しこむように折る。

4 点線で折る。

5 できあがり。

葉と枝を組み合わせて、飾りましょう。

葉Bの作り方⇒p.32
枝の作り方⇒p.32

※小さい葉は、1.5㎝×2.5㎝のサイズを使用。

バリエーションは無限にあります！

いろいろな色や大きさのバラを使って、リースやフレームをステキに飾ってください。

参照 p.27

モチーフの作り方 春 3〜5月

かぶと

かぶと

1 折り目をつけ、点線で折る。

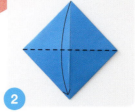
2 半分に折る。

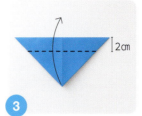
3 上側だけ、点線で折る。

4 裏返す。

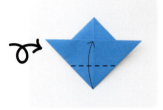
5 点線で折る。

5 点線で折る。

6 ひらいて、四角に折る。

7 点線で折る。

8 かぶとのできあがり。

角飾り

1 1/4サイズを使用。折り目をつけ、点線で折る。

2 点線で折る。

3 点線で折る。

4 半分に折る。

5 角飾りのできあがり。これを、2つ作る。

組み立て順

角飾りを、かぶとの三角部分に差しこんで、のりづけする。

こいのぼり

モチーフの作り方 夏 6〜8月

あじさい

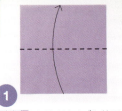

1 1/16サイズを使用。半分に折る。

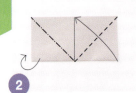

2 折り目をつけ、点線で折る。

3 ★が合うようにひらいて、四角を作る。

ひらいたところ

4 上側だけ、半分に折る。

5 ★と★、☆と☆が合うようにひらいて、四角を作る。

花をたくさん作って重ねます。葉っぱも組み合わせましょう。

葉Bの作り方⇒p.32

6 中心に丸シールをはる。

7 できあがり。

かたつむり

体

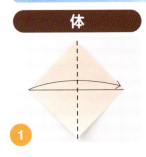

1

1/4サイズを使用。折り目をつけ、半分に折る。

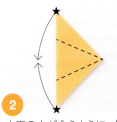

2 上下の★が合うように、点線で折る。

3 点線で折る。

4 上側だけ、点線で折る。反対側も同じように折る。

5 上側だけ、点線で折る。

6 体のできあがり。目は、丸シールをはる。

かさ

かさ

① 1/4サイズを使用。折り目をつけ、点線で折る。

② 点線で折る。

③ 半分に折る。

④ 点線で折る。

⑤ できあがり。

持ち手

① 1/24サイズを使用。半分に折る。

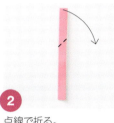
② 点線で折る。

組み立て順
かさの裏に、持ち手をテープでとめる。

シールで、飾りましょう。

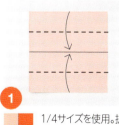
③ 点線で折る。

④ 角を丸く切る。

⑤ 持ち手のできあがり。

から

① 1/4サイズを使用。折り目をつけ、点線で折る。

② 点線で折る。

③ 半分に折る。

④ 点線で折る。

⑤ 上側だけ、点線で折る。反対側も同じように折る。

⑥ からのできあがり。

組み立て順
からで体をはさんで、のりづけ。サインペンで、からに模様を描く。

谷折り ------- 山折り ------- 折り目 ——— 裏返す 拡大図

モチーフの作り方 夏 6～8月

カエル（大）

※カエル（小）は、1/16サイズを使用。

小さいカエルも作り、親子のカエルにするとかわいいですよ！

カエルの親子フレーム p.10

顔

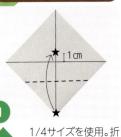

1 1/4サイズを使用。折り目をつけて、★が合うように折る。

2 点線で折る。

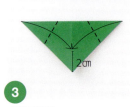

3 点線で折る。

4 点線で折る。

5 点線で折る。

6 裏返す。

顔のできあがり。

体

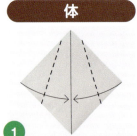

1 1/4サイズを使用。折り目をつけ、点線で折る。

2 裏返す。

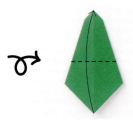

3 半分に折る。

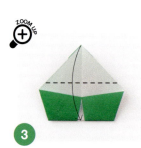

3 上側だけ、半分に折る。

4 点線で折る。

5 裏返す。

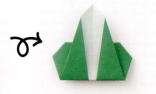

体のできあがり。

組み立て順

1 丸シールを前後ではさんで、はり合わせ、目を作る。

2 顔の裏に、体をテープでとめる。

てるてるぼうず

顔

1. 1/8サイズを使用。真ん中にうすく印をつけ、点線で折る。
2. 半分に折る。

3. 点線で折る。
4. 顔のできあがり。

体

1. 1/8サイズを使用。折り目をつけ、点線で折る。
2. 点線で折る。
3. 点線で折る。
4. 点線で折る。

5. 裏返す。
   体のできあがり。

組み立て順

丸シールなどで顔を作る。
顔の裏に、体をテープでとめる。

いろいろな色や柄のおりがみで、たくさん作って、窓に飾ると、雨を楽しく感じそう。

谷折り------- 山折り------- 折り目——— 裏返す 拡大図

モチーフの作り方 夏 6~8月

おりひめ・ひこぼし

おりひめ・着物

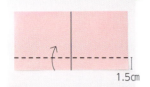

1 1/2サイズを使用。折り目をつけて、点線で折る。

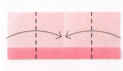

2 点線で折る。

3 点線で折る。

4 点線で折る。

5 点線で折る。

6 できあがり。

ひこぼし・着物

1 1/2サイズを使用。折り目をつけ、点線で折る。

2 点線で折る。

3 点線で折る。

4 点線で折る。

5 できあがり。

組み立て順

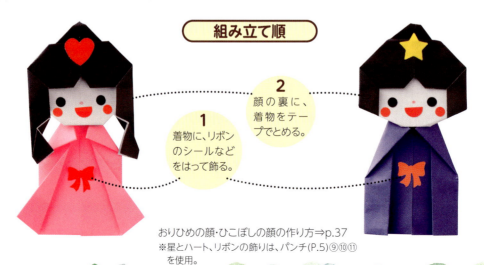

1 着物に、リボンのシールなどをはって飾る。

2 顔の裏に、着物をテープでとめる。

おりひめの顔・ひこぼしの顔の作り方⇒p.37
※星とハート、リボンの飾りは、パンチ(P.5)⑨⑩⑪を使用。

置き飾り★笹舟

① 折り目をつけ、点線で折る。

② 裏返す。

③ 点線で折る。

③ 点線で折る。

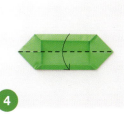
④ 半分に折る。

⑤ 底をテープでとめる。

2人一緒ならどこに飾ってもいいよね♪

笹舟に、おりひめ、ひこぼしを差しこみます。
これなら、天の川も渡れそう。
笹舟は、星などで飾りましょう。

夏のハッピーアレンジ　p.12

七夕リース　p.11

谷折り------　山折り------　折り目———　裏返す　拡大図

55

モチーフの作り方 夏 6〜8月

笹の葉

1 1/8サイズを使用。折り目をつけ、点線で折る。

2 右側、左側の順で、3等分に折り重ねる。

3 これを、ひらく。

4 点線で折る。

5 点線で折る。

6 点線で折る。

7 点線で折る。

8 裏返す。

できあがり。

タッセル飾り

1

 1/3サイズを使用。はしに、細いひもをテープでとめる。上を1.5cmほどあけ、切りこみを入れる。

2 くるくると巻き、のりづけする。

3 切ったおりがみを上に巻いて、のりづけ。

4 できあがり。

リースなどにはると、よいアクセントになります。

季節のミニリース p.28

アレンジ

七夕飾り★いろいろ

三角や四角、ハートなど、シンプルな形のものを、切ってつなげるだけで、簡単にステキな飾りができます。

ぼうし

つば

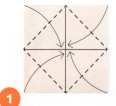  

1 1/4サイズを使用。折り目をつけ、点線で折る。
2 点線で折る。
3 点線で折る。
4 裏返す。

つつ

つばのできあがり。
1 1/4サイズを使用。中心にキャップを置いて包む。
2 裏返す。
つつのできあがり。

組み立て順

つつ②のふちに、のりをしっかりつけて、つばにはりつける。

※p.11やp.12のように、細く切ったおりがみを、飾りに巻いてもいいよ。

せみ

1 1/8サイズを使用。折り目をつけ、点線で折る。
2 ハサミで切る。
3 点線で折る。
4 上側を点線で折って、裏側を引き出す。

5 裏返す。
点線で折る。
6 裏返す。
丸シールをはって、できあがり。

谷折り------ 山折り------ 折り目——— 裏返す 拡大図

モチーフの作り方 夏 6~8月

ひまわり(大)

※ひまわり(小)の花と中心は、1/9サイズを使用。

花

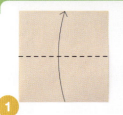

1 1/4サイズを使用。半分に折る。

2 ★が合うように、折る。

3 点線で折る。

4 点線で折る。

5 ハサミで切る。

6 これを、ひらく。

7 2枚作って、重ねる。

8 花のできあがり。

中心

1 1/4サイズを使用。折り目をつけ、半分に折る。

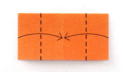

2 点線で折る。

3 点線で折る。

4 裏返す。

5 中心のできあがり。

組み立て順

中心の裏に、のりをしっかりつけて、花の上にはる。

ひまわりで夏全開の飾りに！

葉や茎を組み合わせて飾りましょう。

ひまわりとせみフレーム p.11

葉Bの作り方⇒p.32
茎の作り方⇒p.41

むぎわらぼうし

1 1/4サイズを使用。折り目をつけ、点線で折る。

2 点線で折る。

3 点線で折る。

4 点線で折る。

5 点線で折る。

6 点線で折る。

7 裏返す。

できあがり。

サマードレス

1 1/4サイズを使用。折り目をつけ、点線で折る。

2 点線で折る。

3 点線で折る。下の三角は、中に入れこむ。

4 裏返す。

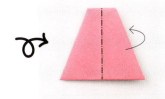

5 半分に折る。

5 ハサミで切る。

6 これを、ひらく。

7 できあがり。

ハピネスに着せよう！

※ぼうしの飾りはパンチ(p.5)③を使用。くつは、丸シールの上を少し切って、はっています。

ハピネスの作り方⇒p.34
※顔に色をつける場合は、両面おりがみを使おう。
うすだいだい色の手の作り方⇒p.35

モチーフの作り方 秋 9〜11月

コスモス（大）

※コスモス（小）は、1/16サイズを使用。

ラッキーの作り方⇒p.36

花

1 1/9サイズを使用。折り目をつけ、半分に折る。

2 右側、左側の順で、3等分に折り重ねる。

3 上側だけ、半分に折る。

4 下側を引き出して、点線で折る。

5 上をひらいて、つぶすように折る。

左側の三角をつぶすところ

6 点線で折る。

7 ハサミで切る。

8 これを、4つ作る。

組み立て順

2つずつ重ねて、のりづけ。さらに重ねて、のりづけする。

中心に、丸シールを強くおしつけるようにして、はる。

葉

1 1/8サイズを使用。半分に折る。

2 折り山に茎がくるように、下絵を描いて、切る。

3 これを、ひらく。

4 できあがり。

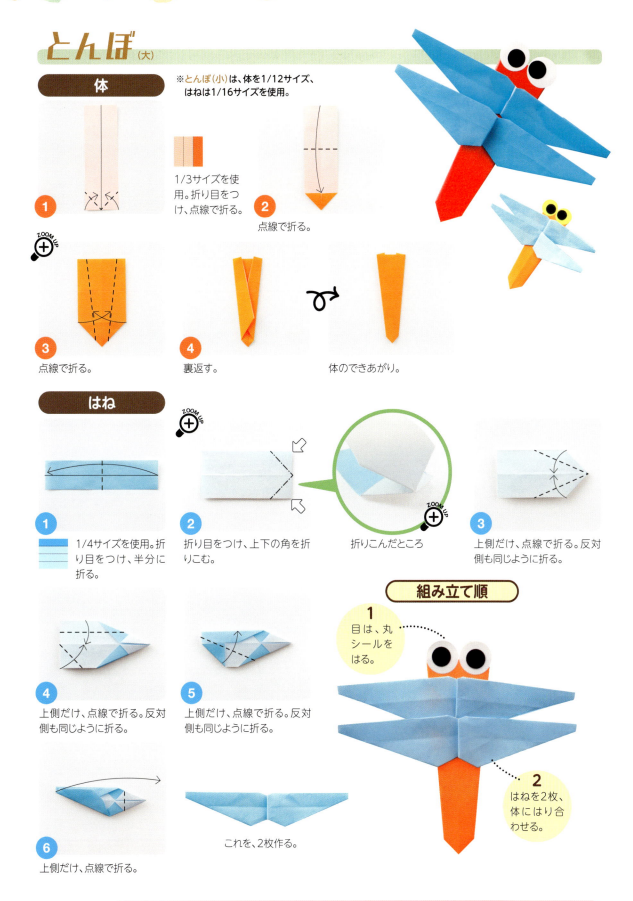

モチーフの作り方 秋 9〜11月

かぼちゃ（大）

※かぼちゃ（小）は、1/4サイズを使用。

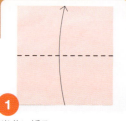
❶ 半分に折る。

❷ 折り目をつけ、点線で折る。

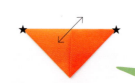
❸ ★が合うようにひらいて、四角を作る。

ひらいたところ

❹ 上側だけ、点線で折る。

❺ 点線で折る。

❻ 裏返す。

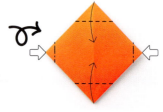
❼ 上下を点線で折る。左右を点線で折りこむ。

❼ 上側だけ、点線で折る。

❽ 裏返す。

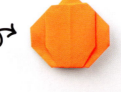
できあがり。

鼻と口は、おりがみを切ってはり、目には丸シールをはる。

ほうき

❶ 1/4サイズを使用。折り目をつけ、点線で折る。

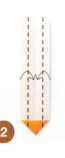
❷ 点線で折る。

ほうきの柄は、作品に合わせて好きな長さに切ってください。

❸ 切りこみを入れて、3等分に折り重ねる。

❹ 点線で折る。

❺ 裏返す。

できあがり。

モチーフの作り方 秋 9~11月

ハロウィンの館

建物(大)

1 1/8サイズを使用。点線で折る。

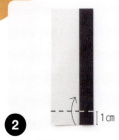
2 点線で折る。

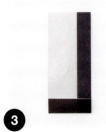
3 裏返す。

建物(大)のできあがり。

建物(小)

1 1/16サイズを使用。点線で折る。

2 裏返す。

これを、2つ作る。

裏側

屋根

1 1/16サイズを使用。折り目をつけ、点線で折る。

2 点線で折る。

3 裏返す。

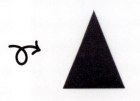
これを、3つ作る。

組み立て順

1 建物(大)と(小)に屋根をはる。建物の窓は、おりがみを切って、のりづけ。

2 建物(大)の底の部分に、建物(小)を差しこんでとめる。

モチーフの作り方 秋 9〜11月

どんぐり

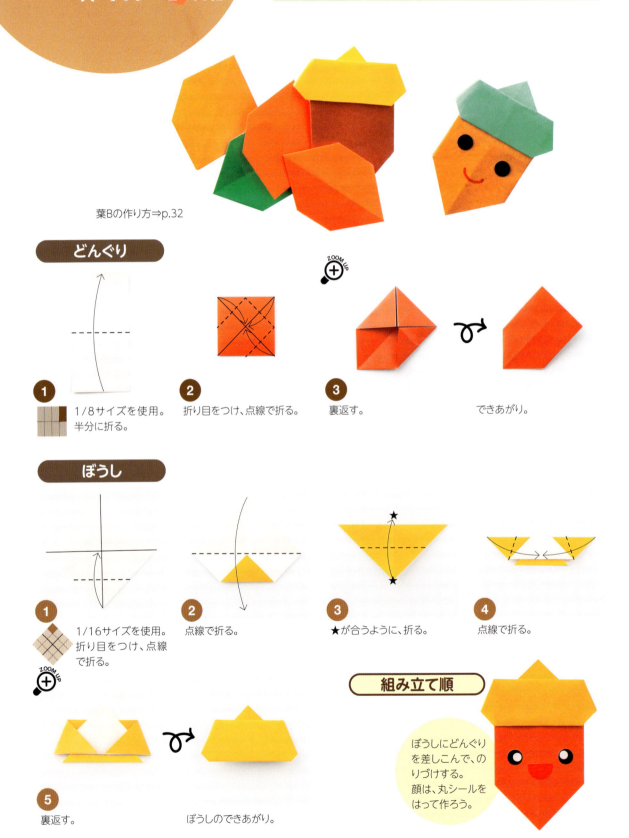

葉Bの作り方⇒p.32

どんぐり

1. 1/8サイズを使用。半分に折る。
2. 折り目をつけ、点線で折る。
3. 裏返す。
4. できあがり。

ぼうし

1. 1/16サイズを使用。折り目をつけ、点線で折る。
2. 点線で折る。
3. ★が合うように、折る。
4. 点線で折る。
5. 裏返す。

ぼうしのできあがり。

組み立て順

ぼうしにどんぐりを差しこんで、のりづけする。顔は、丸シールをはって作ろう。

モチーフの作り方 秋 9〜11月

リス

顔

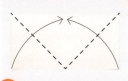

1 1/2サイズを使用。点線で折る。

2 点線で折る。

どんぐりの作り方⇒p.66
きのこの作り方⇒p.69

3 点線で折る。

4 ★と★、☆と☆が合うように、折る。

5 点線で折る。

6 点線で折る。

7 裏返す。

顔のできあがり。

体

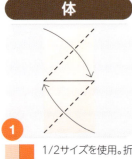

1 1/2サイズを使用。折り目をつけ、点線で折る。

2 半分に折る。

3 点線で折る。

4 点線で折る。

5 裏返す。

体のできあがり。

組み立て順

顔の裏に、体をテープではる。顔は、丸シールをはって作る。

きのこ

かさ

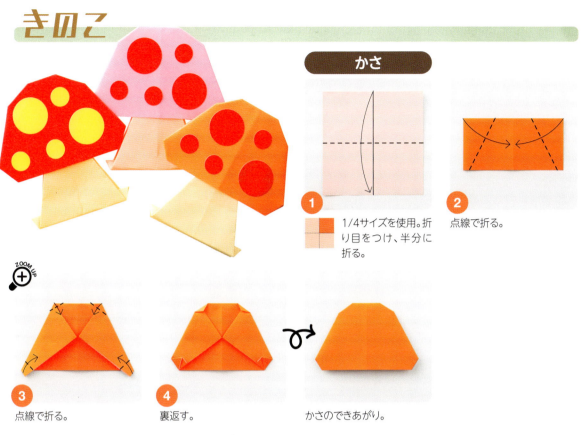

1. 1/4サイズを使用。折り目をつけ、半分に折る。
2. 点線で折る。
3. 点線で折る。
4. 裏返す。

かさのできあがり。

じく

1. 1/4サイズを使用。折り目をつけ、点線で折る。
2. 点線で折る。
3. 点線で半分に折る。
4. 上側を折る。反対側も同じように折る。
5. じくのできあがり。

組み立て順

じくの先を、かさに差しこんでとめる。かさには、丸シールで模様をつける。

谷折り ------ 山折り ------ 折り目 ——— 裏返す 拡大図

モチーフの作り方 冬 12~2月

サンタクロース

1 1/4サイズを使用。折り目をつけ、点線で折る。

2 点線で折る。

3 裏返す。

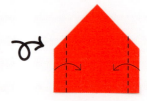
点線で折る。

4 点線で折る。

5 裏返す。

点線で折る。

6 点線で折る。

7 丸シールをはって、顔を作る。

ぼうしのぽんぽんと服のボタンも、丸シールを使うと簡単だよ。

服とうでの作り方 ⇒ p.34、35

ベル

1 1/4サイズを使用。半分に折る。

2 点線で折る。

3 点線で折る。

4 点線で折る。

5 ★と★、☆と☆が合うように、折る。

6 裏返す。

モチーフの作り方 冬 12~2月

クリスマスツリー

ツリー（下）

1. 1/2サイズを使用。点線で折る。
2. 左側、右側の順で、3等分に折り重ねる。
3. 上側だけ、点線で折る。
4. 点線で折ってから、ひらく。

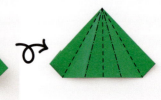

5. 点線で折る。
6. 点線で折ってから、ひらく。
7. 裏返す。
8. 交互に谷折りと山折りをし、折り目をつける。

ツリー（上）

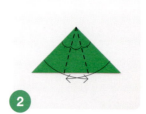

8. ツリー（下）のできあがり。
1. 1/4サイズを使用。点線で半分に折る。
2. ②から⑧まで、ツリー（下）の作り方と同じ。
3. これを、2つ作る。

幹

1. 1/4サイズを使用。点線で折る。 1.5cm
2. 3等分に、折り重ねる。

3. 裏返す。　幹のできあがり。

組み立て順

1. ツリー（下）に、ツリー（上）をずらしながら重ねて、テープでとめる。
2. ツリーの裏に、木の幹をテープでとめる。シールなどで飾る。

※星はパンチ（P.5）⑧⑨を使用。

プレゼント

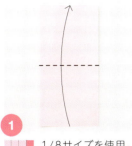
① 1/8サイズを使用。半分に折る。

② ハサミで切る。

③ 点線で折る。

④ おりがみを切ってリボンを作り、はる。

⑤ できあがり。

作り方②で、ハサミで切らずにリボンをつければ、大きいプレゼントができるよ。いろいろな大きさのプレゼントを作ってみよう。

柄や色を工夫して、開けたくなるような、ステキなプレゼントをたくさん作って、飾ってみてください。

ハピネスの作り方⇒p.34
ラッキーの作り方⇒p.36
※頭の飾りはパンチ(p.5)⑫と丸シールを使用。

モチーフの作り方 冬 12〜2月

椿・梅

花

1 1/4サイズを使用。半分に折る。

2 下に中心の折り目を軽くつけ、3等分に、折り重ねる。

3 ハサミで切る。

4 これを、ひらく。

5 半分に切る。

6 点線で折る。

7 点線で折る。

8 花のできあがり。

めしべ

1 1/16サイズを使用。半分に折る。

2 半分に折る。

3 点線で折る。

4 裏返す。

めしべのできあがり。

組み立て順

下の花に、上の花を差しこんで、とめる。
めしべは差しこんでのりづけ。

めしべを変えると、梅になります。

※めしべはパンチ(p.5)④を使用。

● アレンジ
松にもなる
緑のおりがみで作ると、松にもなります。

招福フレーム p.20

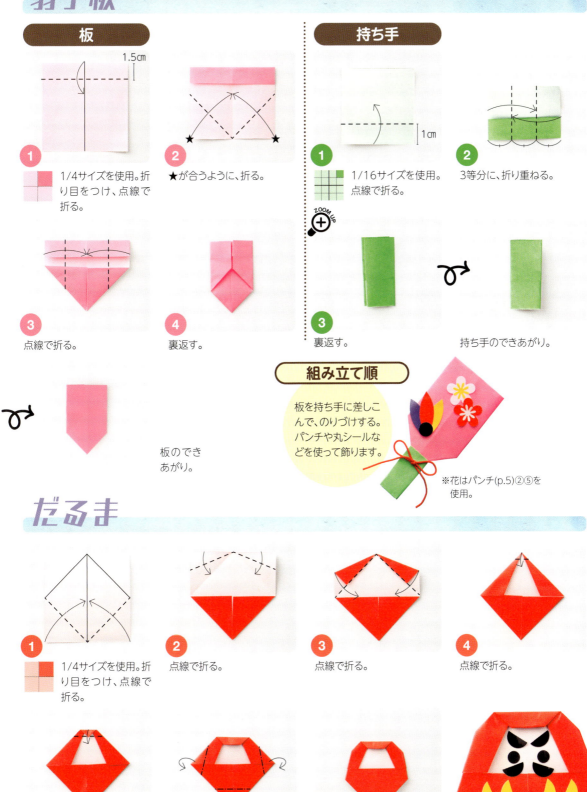

モチーフの作り方 冬 12〜2月

富士山

1 折り目をつけ、半分に折る。

2

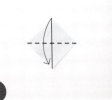

3 山頂部分は、1/4サイズを使用。折り目をつけ、半分に折る。

4 ②に重ねる。

5 点線で折る。

6 ★が合うように、ひらいてつぶすと、三角になる。

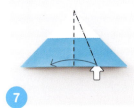

7 上側だけひらき、中心でつぶすように折る。

8 上側だけ折って、中に差しこむ。反対側も同じように折る。

ひらいたところ

9 点線で折る。

10 できあがり。

上側をひらいたところ

下の部分をひらくと、立てて飾ることもできるよ。

富士山フレーム p.19

梅や日の出と一緒に飾ると、まるで絵画のよう!

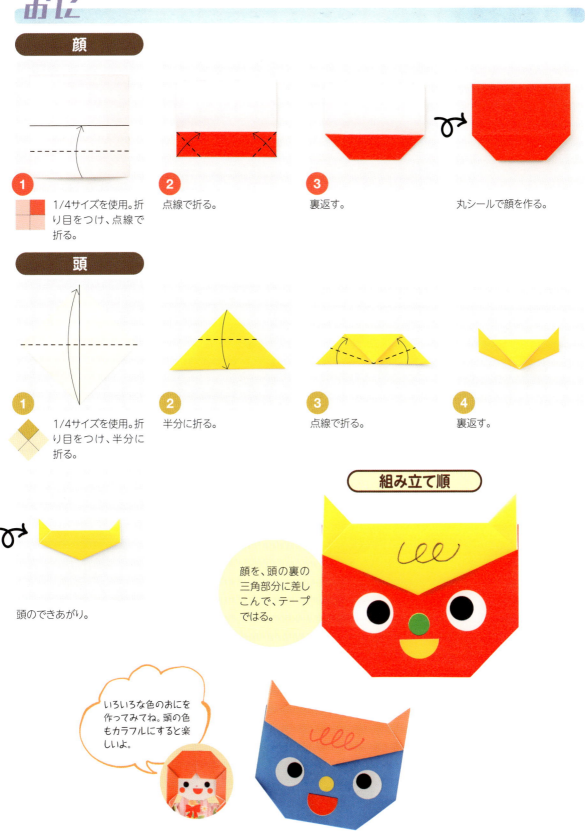

うぐいす

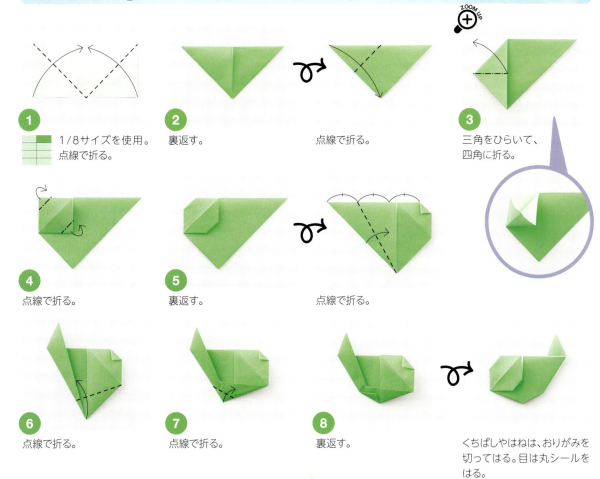

1. 1/8サイズを使用。点線で折る。
2. 裏返す。
3. 三角をひらいて、四角に折る。
4. 点線で折る。
5. 裏返す。
6. 点線で折る。
7. 点線で折る。
8. 裏返す。

くちばしやはねは、おりがみを切ってはる。目は丸シールをはる。

②を裏返したあとから、右側を同じように折ると、右向きのうぐいすになります。

うぐいすフレーム
p.20

アレンジ

普通の鳥にも

色を変えて、大きなサイズのおりがみで折ると、普通の鳥にもなります。

著者紹介
いまい みさ　造形作家

折り紙を中心にリサイクル素材も活用し、身近な材料で手軽に作れる「手づくりおもちゃ」の制作を発信し続け、最近では「高齢者向けデイケアのクラフト」まで広げて、手づくりの楽しさを提案している。その作品は、新聞や教科書、保育誌や児童誌にも掲載されることで広く知られている。簡単でかわいらしい作風の先駆者であり、子どもからお年寄りまで幅広いファンを持つ。また日本各地でワークショップを開催し、保育士や教諭、介護士、看護師などの集まりで講演や実演をし各現場でのファンも増やしている。著書には、ベスト＆ロングセラーの『きったりはったり おりがみでおみせやさん！』(毎日新聞社) のほか、『いまいみさのおりがみ手紙』『季節のおりがみ花飾り』(以上、講談社) など、多数。
おりがみメーカーのトーヨーからは、「いまいみさのおりがみシリーズ」が好評発売中。

◆Instagram　https://www.instagram.com/_imai_misa/
◆twitter　　　@imai_misa

ひなまつりリース　p.6

12か月のおりがみ壁飾り
簡単カワイイ♪リースとフレーム＆エトセトラ♥

2019年9月20日　第1刷発行
2024年12月4日　第20刷発行

著　者　いまい みさ
発行者　清田則子
発行所　株式会社 講談社
　　　　〒112-8001　東京都文京区音羽2-12-21
　　　　販売 03-5395-3606
　　　　業務 03-5395-3615

KODANSHA

編　集　株式会社 講談社エディトリアル
　　　　代表　堺 公江
　　　　〒112-0013　東京都文京区音羽1-17-18　護国寺SIAビル
編集部　03-5319-2171
印刷所　株式会社新藤慶昌堂
製本所　大口製本印刷株式会社

編集協力／田口純子　平入福恵
ブックデザイン・DTP／
　市川ゆうき、門司美恵子(CHADAL)　Studio Port
撮影／椎野 充(講談社写真部)
制作協力／霜田由美　Natsuki　Moko　市川和子
折り紙提供／株式会社トーヨー　http://www.kidstoyo.co.jp/

定価はカバーに表示してあります。
本書のコピー、スキャン、デジタル化等の無断複製は、著作権法上での例外を除き禁じられています。本書を代行業者等の第三者に依頼してスキャンやデジタル化することはたとえ個人や家庭内の利用でも著作権法違反です。
落丁本・乱丁本は購入書店名を明記のうえ、講談社業務あてにお送りください。送料は小社負担にてお取り替えいたします。
なお、この本の内容についてのお問い合わせは、講談社エディトリアルまでお願いいたします。

ISBN978-4-06-517091-5　©Misa Imai 2019,Printed in Japan